묵자의 이야기

지성 · 감성의 메타언어
조선문학시인선 · 297

묵자의 이야기

서 지 영 시집

조선문학사

■ 시인의 말

시집을 내겠다는 생각에 비하면 시쓰기는 그에 미치지 못했던듯 싶다. 나날의 바쁜 일정과 업무에 매달리다 보면 시작업은 자연히 그 순차가 뒤로 밀려날 수밖에 없었기 때문이었다.

그런대로 묶어놓고 보니 부끄러움이 없지 않지만 나름대로 노력의 대가였구나 싶어 한편으론 위로가 되기도 한다.

내겐 특별히 시세계가 있다거나 시법을 알고 시를 썼다기보다는 습관처럼 시적 충동이나 욕망이 일면 그때그때 쓰는 것이 시법 아닌 나름대로의 버릇이다.

다만 시적 대상들을 형상으로 잘 빚어 옷을 입히고 싶다는 나름대로의 생각을 시법으로 알고 시를 써왔고 또 써야하지 않을까 싶다. 그러면서도 이번 시집을 계기로 변신을 꾀하고 싶은 것이 솔직한 고백이다.

바쁘신 중 평설을 써주신 박진환 교수님과 관심으로 격려해 주신 가족과 주변의 모든 분들께 감사를 드린다.

2011년 初夏

서 지 영

시인의 말 · 5

제1부 / 삶 그리고 일상

자화상 · 13
하루 · 1 · 14
하루 · 2 · 15
금요일 · 16
일요일 · 17
하루의 시작 · 18
저녁 밥상 · 20
몸살 · 21
시작이다 · 22
살아가야한다 · 23
이루어야지 · 24
메멘토 · 26
울엄마 · 27
아가의 미소 · 28
뱃속의 아가에게 · 29
까까머리 · 30
내 보석들아 · 31
아이들 기차여행 · 32

대청소하던 날 · 34
빈 자리 · 35
힘이 든다 · 36
찾아보기 · 37
블루오션영업 · 38
가능했던 건 · 39
알람이 울면 · 40

제2부 / 사랑 · 그리움 · 동행

신혼 · 43
사랑합니다 · 44
내 안에 · 45
당신에게로 · 46
동행 · 47
가슴 안에 · 48
새로움 · 49
묵자의 이야기 · 50
그리움 · 1 · 51
그리움 · 2 · 52
편지 · 53
충주손님 · 54
햇살은 · 55

제3부 / 화초처럼

편지 · 59
단골집 · 60
소나기 · 62
바다는 · 63
덕수궁 · 64
마감 · 65
개구리소리 · 66
화초처럼 · 67
지금은 · 68
비님이 · 70
자기야 · 71
택배 · 72
세상의 중심 · 73
속초바다 · 74
베론성지 · 76
쿠바여행 · 79

제4부 / 겨울 너머에 봄이

벚꽃길 · 83
봄 오는 소리 · 84
봄손님 · 86
6월 · 87
7월 · 88

초록 · 89
가을 단상 · 90
겨울이 · 92
겨울 바다 · 93
눈송이 · 94
태백 겨울 · 95
겨울을 보내며 · 96

제5부 / 시집평설

시적 대상, 재구성해 내는 변용 돋보여 · 박진환 · 98

제1부

삶 그리고 일상

자화상

모든 걸 건다
나는 성공한 FP
이루려 애쓰고 이루어서
내 훗날의 초상화
슬픔은 없어야 하리라

블루오션
나는 블루오션
블루오션영업

거두리라 이루리라 반드시

일과 사랑
신이 내게 준 질투가
사랑을 이룰 수 없게 했다면
일로써
모든 걸 걸고
거두리라 이루리라 반드시

하루 · 1

접힌 하루에 찍힌 스넵
모르는 이들과 밥을 먹고
이야기를 나누고
한웅큼 소화제를 삼킨
내 얼굴이 찍혀 있다

명함을 내밀고
명함속의 나를 소화하고
소개를 받고

수고로운 하루가 끝나면
재촉하며 내딛는
귀가의 행보에
끈끈한 어둠이 밟힌다

하루 · 2

자명종에 의지해
하루를 일으켜 세운다
일으켜 세워 늘 그랬듯이
아침 식탁에 마주 앉는다

앉아 하루치의 이별을 예비하며
아침을 마친다

출근길은
맨 가슴으로 떼어놓기 어려운
아픔이지만
저녁이면 안고 돌아갈
행복의 동행으로
발걸음은 가벼워 간다

아가야
고단한 하루치의 수고를
네 생각으로 되질해 버리며
하루를 산다

금요일

한 주를 마무리 하는 날
다시 한 주를 시작하는 날
시작이건 마무리건
잠시 업고를 부려 놓을 수 있는
휴식의 유혹에 달뜬다

한 주를 뒤로하고 돌아서면
먼저 와 앞에 서있는
삶이란 일정표로 그려진 나날

여자이고 싶다
여인이고 싶다
가장이고 엄마이고 싶은 삶

금요일엔
그런 삶을 점검한다

일요일

작은 녀석의 눈비빔의
눈꺼풀에 밀려 아침이 열렸다

일요일
오랜만에 열어 본
개폐기능을 회복한 창으로
상큼한 봄 향기가 스며들었다

길고 지리했던
겨울 뒤로 봄이 오는 예감에
겨우내 웅크렸던 체온이 풀린다

이런 날엔
아침 한 끼 접어두고
딸들과 함께 꼬옥 껴안고 한 체온으로
함께 하고고 싶다

하루의 시작

오늘도 나는 행복을 느끼며 커피도 마셨습니다

밤새
내려준 어둠으로 깊은 잠을 자고
새벽에 울어주는 알람 소리와 함께
새로운 하루를 시작했습니다

금주야, 희주야,
내 딸들에게 건네는 인사로
하루는 시작 됩니다

지점에 오면서 찬 공기가 스며들지만
머지않은 문턱에 걸려있는 봄기운을 마시며 문을 엽니다

오늘 있을 미팅을 점검하며
해피데이를 입버릇처럼
뇌까려 봅니다

주어진 하루에 감사할 줄
아는
그런 하루 하루이고 싶습니다

저녁 밥상

열다섯 큰아이
입맛 없다는 투정 달래려
상추에 쌈장에 삼겹살
저녁 식탁을 마련한다

즐거운 입과 함께
마음도 즐거운
저녁 밥상

하루치의 행복도
저녁 밥상으로 받았다

몸살

삼일 내내 아팠던 몸
다시 타이레놀 두 알을 먹는다

십분 전 다섯시
아직
아침이 오려면 조금 남았는지
사위에 어둠이 깔려 있다

일어나야 하는데
아침 준비
아이들 등교 준비
마음과 달리 한사코 눕이는 몸

육신의 피로
힘에 겨웠던 모양이구나
일어나 앉아보며 몸살기를 털어본다

시작이다

많이 지나왔다
아니
겪었다
모든 스스로의 노력과 선택에서
아무도 대신해 줄 수 없다는 것이다

이제
시작이다
커밍아웃
그래
커밍아웃

살아가야한다

살아가야한다
살아가야한다

나는
할 수 있다
아니
할 수밖에 없다

누구도 대신 할 수 없고
의지할 수도 없고
스스로 할 수밖에 없는
살아가는 일

이루어야지

머무르지 말자

그 마음속
가득 채워줄
가득 채워 이루어야 할 일을 위해

머무르지 말자

업계의 최고가 된다는
5년 후의 목표
꼭 이루어야 할 목표를 향해
잠시도 멈출 수 없는
머뭇거릴 수도 없는
행보

이루기 위해
이루어야 하기에
머무를 수 없는

먼 길을 향한
더디고 팍팍한
행보

메멘토

나는
메멘토
기억을 모두 상실해 버린 단기 기억 상실증

내가 살아있는 이 순간 내가 할 수 있는 최선을 다해 꿈과 이상을 반드시 실현해야 할

잊어버려서는 안될 꿈을 찾는 메멘토
나는 과거의 어두웠던 기억들은 다 잊어버렸고
잊어버린 곳에서 새 꿈을 찾아낸 메멘토다

울엄마

엄마집 가던 날
하얀 얼음으로 흐르던 강물에
미끌어진 바람이
나뒹굴었다

오랜만의 겨울 풍경을 앞에 하고
그리웠던 시절의 동네 어귀를 돌자
요선정이 큰 바위같은
표정으로 맞는다

피식 웃으며 돌아서는
발길에
꽁꽁 얼어 붙은 강이 채인다

오빠, 언니, 동생들과 나누던
이야기
옛날이 체온처럼 따뜻하다

아가의 미소

천사의 잠이
저러할까

천사도 꿈을 꿀까
꾼다면 어떤 꿈을 꿀까

하루중의 그 중 행복한 시간은
아가의 잠을 들여다 보는 일

잠에서 깨어난 웃음 하나로
고단한 하루의 일상도
일상의 고단한 수고로움도
말끔히 씻어낸다

오늘도
아가의 웃음으로 피우는
순수의 꽃 벗하며
하루를 산다

뱃속의 아가에게

아가야
뱃속의 아가야

탯줄 하나 생명줄 삼아
피를 나누는 분신의
아가야

너로 하여
허리로 키우는 행복을 알고
너로 하여
은총으로 감아 키우는
축복을 배운다

아가야
뱃속의 아가야
너로 하여 배운
은총과 축복으로
사랑도 함께 키운다

까까머리

항암치료에 못 이겨 스님이 되었다

씽긋 웃어주는
눈물 울컥 쏟아지는 답례
무슨 말로 당신 괜찮냐고 위로 할 수 있을까

거실 바닥에 깔린
이부자리 위에는 읽다 접어둔
금강경이 있고
안경너머 당신 눈동자엔
촉촉한 생명이 울고 있다

내 보석들아

꼬마들을 보내고
밀크 커피 한 잔
비님 소리에
바람소리에
아침에 느껴보는 상쾌함
잠을 못 이룬 밤은 이 상큼함에
물러갔는지
평온하다

내 삶에
첫 정으로 빚어진 사랑
어느 보석이 이것들보다
더 값질 수 있겠는가

내 꼬마들아

아이들 기차여행

아이들은 기차를 탔다
오전 11시
엄마 다녀올게
이렇게 보내보는 것도 처음인데
마음 참 많이 허전하다

창을 두드리는 소나기 속을
달려가는 기차를 본다
차창으로 비를 맞으며
아이들도 내생각 할까

평소대로 돌리는
청소기 소리가
전에 없이 시끄럽다

아무도 없는
허전함 때문이리라

허전함 뒤로 하고
기차는
어디쯤 달리고 있을까

대청소하던 날

오수의 무게에 짓눌렸는지
눈꺼풀이 무겁다
한사코 달라붙는 잠을 털어내고
배란다에 화분을 내 놓는다

물을 주고
이파리를 닦아주고
볕을 쪼인다

방안 곳곳의 먼지를 털고
방안 가득 담겨 있는 이의
자욱들도 털어낸다

청소끝
햇살마다 주사침이 되어
햇볕을 수혈했는지
화분들이 유난히 반짝인다

빈 자리

일찍이 서둘러 다녀온
수원길
때맞춰 쏟아진 비에 앞이 안보인다

휴게소에 들러
에스프레소로 우수를 달래본다

씁쓰름한 입맛과는 달리
가슴을 적시는
달콤한 멜랑콜리

빈자리가 외로운가 보다

힘이 든다

밤새 잠을 이룰 수가 없었다
잊으면 되는데
생각 안 하면 되는데
정말 죽을만큼 힘이 든다
죽을만큼
잊을 수 없음의 힘듬을
비로소 배운다

찾아보기

늦은 출근
합동조회라고 오피스엔 아무도 없다

컴을 먼저 켜고
까만 블랙을 한 잔
오늘 하루 동안 만날 이들의 순서를 정해보고

그리고 무얼 준비할까
뻥 뚫린 가슴안에 그 무엇으로도 채울 수 없는
공허속에
내가 서 있다

블루오션영업

오피스텔은 내 성이고
나는 성주다

거미가 허공에
나선형 집을 지어 놓고
스스로 주인이듯이

오피스텔은
판도라스 상자가 아닌
꿈을 주고 키우고 그려
내일을 설계하는
계도실

나는
그 계도실의 주인이고
내 생을 설계해가는
주인공이다

가능했던 건

피가 끓었다
무슨 풀무질로 일군
불길이었을까

끓는 핏물 부어
주조하면
어떤 문양과 빛깔이 될까

문양과 빛깔이 되어
사랑이란 이름으로
판박힐까

가슴은 용광로
끓는 피로 사랑을 주조하는
나는 대장장이다

알람이 울면

형광등이 켜지고 요란한 음악 소리가 퍼진다

새벽 다섯시
그렇게 시작되는 내 하루는 오늘도 다람쥐 쳇바퀴

꼬마들 학교 준비에 분주히 서둘러
7시 반이 되면서 작은 놈, 큰 놈, 친구들까지 태우고
하나는 여중 앞에
하나는 초등 앞에
손을 흔들어 보내고야
내 일정을 그린다

상큼한 아침 공기를 가르며 달려간
대어를 낚는 낚싯터에서
나는 수치의 대어를 고른다

돌아오는 차창밖 노을이
한사코 따라온다

제2부

사랑 · 그리움 · 동행

신혼

종일
지친 날개를 쉬듯이 그렇게 잠이 들었던 새댁적
침대 위엔 아가가 잠들어 있고
입술 위에 익숙함을 느꼈던

그런 날엔
심장에 고장이라도 나듯
쿵쾅거렸다

그것이 새댁적 일이란걸
알고난 후
그것이 사랑이란걸 알았다

사랑합니다

내 안의 당신
내 안의 주인이신 당신

빈틈없이 짜인
스케줄의 동앗줄에 묶여
벗어나지 못한 삶이었기에

잠시 잊고 비워둔
가슴

그 가슴으로 마주서면
주인이신 당신은
행복입니다

행복하기에
사랑합니다

내 안에

내 안 가득하게 고인
고여 샘물처럼 솟아 나는 그리움

그리움 봇물이듯 넘치는 날엔
지워지지 않는 얼굴 있지요

불러도 대답없는
메아리로 감아보내는
가슴 칭칭 동여맨
코일

풀면 아픔이 되고
이파 사랑 되는
그리움이라는 코일의
자장

당신에게로

꿈 속에서
당신에게로 간다

세상에서
가장
달콤한 시간을 안고

당신의
미소 속에
이야기 속에
가슴 속에
여인으로

동행

지금은 그림자와 같이 걷는
홀로 걷는 길

그것이 외발이었단 걸
아는 날부터
동행없이 걷는길

외로움 옆에 끼고 어깨 나란히
걷는
동행

가슴 안에

가슴 안에
고여들기 시작한 그리움

저수지가 됩니다
저수지가 되어
봇물로 가득 차오르고
차오를 수록 던지는
내 필사의 투신

내가 나를 던지는
가슴 안의
그리움이라는 저수지

새로움

늘 새로운 마음으로 하루를 시작하는 건 아름다움

새로움이 있다
아니
새로움을 찾는다
새로움을 찾기 위해
모든 추억들을
묻고
얼음 심장을 갖는다
꽁꽁 언
얼음 심장
그 심장에 꿈 하나 심는다

묵자의 이야기

모르게 쌓아온 스킬
내 원하는 조건을 가지고 모험을 시작한다

잔뜩
움츠렸던 몸으로
뛰기 시작하면 되는 거고
성공은 자신감에서 오며
벌레도 나무를 흔들 수 있다는 묵자의 말처럼

나는
할 수 있다
더
받을 상처도 없으며 시련도 없을 것이다

마음을 비워야한다
꽃이 피었기 때문에 봄이 온다는 법정 스님의
법문처럼
나를
버리고 비운다

그리움 · 1

숲이 덥다
강렬한 햇살 아래 그을려지는 여름
입추도 지나 처서가 내일 모레
어느 샌가 흘러가는 소리없는 시간
흔적 없는 젊음

숲이 숨 쉰다
파아란 하늘 위에 뭉실 대는 흰 구름
가을빛 역력한 추억 속에
소리없이
그리고
흔적 없이
그렇게
찾아드는 그리움

그리움 · 2

청소기를 돌린다
침대 주변
먼지가 있는 구석을 찾아
그 이가 오지 않았는데
오지 않아서일까
먼지를 턴다
가슴 안에 이 응어리도 먼지와 함께 털어낸다

털 수 있다면
무시로 앓는
이 몸살 기운기도 털어버리고 싶다

베란다
화초에 물을 주면서
만져볼 수 없는 추억을 털어내고
새 움이 틀
내 꽃가지에다 물을 준다

편지

봄 날에 솜사탕나무
즐비하게 늘어진 그 밤길
예뻤는데
표현이 안될만큼
사람들이 많았고
노랫소리에 모두가 흥겨웠고

꽃길
꽃 마음
전해지던 4월의 그 날

있는데
있었는데

충주손님

일곱 해가 되었다
언니 만난지가

스테이크에
지난 이야기 곁들인 메뉴는 맛이 있다

속은 안 좋았지만
이틀의 몸살기를 풀어버린
내 살아있음이 좋았다

커피를 마시고
지난 세월들 이야기를 타마시고

이런 이들과의 삶이 있고 사랑이 있기에
살아갈 수 있다

충주 손님맞는 날이
이러했다

햇살은

햇살은 이미 봄이다
햇살에 꽂힌 바람
파르무레 멍이 들었다

다가올 봄맞이라도 하듯
핸들잡고 나들이하는
강가 드라이브

온몸에 햇살 받으면
멍든 가슴에도 피가 돌까
돌아
피멍으로 풀릴까

풀린 가슴으로 다지는
도전
옛날에 내가 그랬듯이
다시 다지는
도전

제3부

화초처럼

편지

오빠
봄날에 솜사탕 같던 벚꽃나무
즐비하게 늘어진 그 밤길
너무 예뻤는데
표현이 안 돼
사람들이 많았고
노랫소리에 모두가 흥겹다고
꽃길
꽃 마음
전해지던 4월의 그 날이
있는데
있었는데
그만
못 썼네

단골집

어느날엔가 좋아하는 냉면을 먹으러 단골집엘 갔다
물냉 하나하고 비빔 하나 왕만두랑
시끌시끌
상이 모자랄 만큼 많은 이들이 북적이고

맛있게 차려진 냉면 앞에서 빠알간 비빔은 내 앞에
하얀 냉면은 그이 앞에
왕만두는 작은 접시에 덜어서 먹기 좋게 담아주던 그이

오늘
그 집엘 갔었고
난 똑같이 주문을 하고
빠알간 비빔을 한 젓가락 든다

내 앞에는 그 이가 아닌 다른 인연이 있는데
남편 있어주던 그 날의 회상으로 목이 메어
아무것도 삼키질 못했다
그가 저 앞에 있었다면

물냉면 국물은 지영이가 후르륵거리며
다 마셨을 텐데
그리곤
그이에게
배부르다고 투정했을텐데

오늘
그 냉면집에는
남편이 오지 않았는데도 무지 붐볐다
남편은
오늘, 여기 기억이나 할까

일행에게
여긴
아주 특별한 이와 오던 곳이란다라고 하고

박하사탕을 볼에 넣고는
그에게 보낸다
"여기 냉면 맛은 그대로야"

소나기

시원스레 퍼붓는다 싶더니 이내 천둥까지 쏟아낸다
장마비의 터널을 지나야 한다

늘 찾던 언덕재
치악
한 모금 커피로
다가오는 미팅의 긴장을 풀어본다

주고받은 이야기로 성사시킨 계약
청약서 입력이 이제야 다 되었는지
비로소 시침 소리가 크게만 들린다

오늘 하루도 이렇게 접어간다

바다는

만남이 되고
사랑이 되고
헤어짐이 되는것과 같이

어떤 이는 행복해 하고
어떤 이는 슬퍼 하고
어떤 이는 떠날 채비를 하고
또 어떤 이는 돌아옴이 되었다가

끝내는
부서져 버리는 파도

바다는
늘
이렇게 변함이 없는데
우리는 어찌해서
서로들 파도가 되고
이별이 되고
사랑이 되는가

덕수궁

덕수궁
인사동
낯설지 않은 거리를 빠져나오면
이내
빌딩숲의 미로가 된다

미로를 헤매이다 보면
나를 잃어버린다

실종된 나를 찾아
허물을 벗듯 벗어버리고 뒤로한
서울

마감

주말
쉬어야 하는 시간 이렇게 오피스에 앉아있다

2월 영업의 마무리와 함께
3월 영업을 다지는 마감일

봄오는 소리에 종일을 들뜬 마음
가슴엔듯 이마엔듯 물이 오르는데
마주한 햇살이 따스하다

이제부터 시작될 전환점의 변화
실수하지 아니 하도록
최선을 다 해 보리라

오만으로 가득 차고
도도함으로 가득 찬
자신감으로 무장한
출발점 삼아 당당하리라

개구리소리

개굴 개굴
개굴 개굴
하소연도 아니고
그렇다고 계워낸 것도 아닌
개굴 개굴
개굴 개굴

그렇구나
몰랐네
그게 짝찾는 소리란걸

화초처럼

금새
울어 버릴것 같은 날씨가
늦은 잠을 깨우기는 커녕
게으름을 놓아주지 않는다

간밤 옮겨 심었던 화초의 꿈

화초 몇분을 사다 심어야겠구나
심어
화초처럼 나도
꿈으로 키워온
꽃을 피워야겠구나

지금은

하루하루가 물처럼 흐르고 있다

고이게 할 수도 없는데
자꾸만 흘러가는 시간
지금, 제일 중요한 지금
하루를 마지막으로 알고 살아보자던

지금은 풀어져 있는 내 생활

세워보자
어렵게 진행해 온 내 삶의 뮤지컬
더 밝고 화려하고 완벽하게 화음이고 싶은

요즈음
일에 너무 소홀했던 듯 싶다

지금
이 순간에 충실하자

더 아프지도 말고 힘들지도 말고
하루치의 행복으로도 만족할 줄 알자
하루치의 행복으로 짜깁기한
삶이고 싶다

비님이

아침이 되면서 비가 쏟아진다

마치
묶은 내 마음들 씻어내려는 듯

창가에 앉아 빗소릴 듣는다

한 사람
한 사람을 사랑한 행복만큼이나

쓰라려오는 가슴
오늘은 비님 덕분에 더 아프다

아픔으로 아픔을 치유해야 하는
내 소환(所患)

사랑의 몸살기일까

자기야

제법 빗방울이 굵다
늦은 시간 도착으로 마음은 급하기만 했는데
왜 그렇게 졸리는지
고속도로에서 요즘엔 참 잘 조는 것 같다

아메리카노요… 아뇨… 아이스아메리카노…
그 이와 함께였음 그 이는 얼음이 동동 뜨는
아이스를 시켰을텐데

나도 모르게 불러본
자기야

착각이었구나
커피맛이 쓰디 쓰다

택배

아카시아가 가득히 피어나더니
우리에게 선물을 꿀로 줍니다

5월에 꽃으로 첫 수확을 했다는 경북 예천의
제 고객님으로부터 받게 된
아카시아꿀은

아무래도 제 귀한 분께 보내드리라고 도착한 것 같아
찾아뵙지 못하고 이렇게 택배로 대신합니다

세상의 중심

눈을 비비며 새로 맞는 아침

아침의 의미는 품안에 있는 딸들이
세상의 구심점을 이루고 있음이리라

오늘
하루도
일터에서 마지막 하루인양 최선을 다 할 것
내 품안의 딸들이 지켜봐주고 있나니
외로워하지도 묻지도 말것

일에 미쳐 돌리고 또 돌려보는
중심 축

속초바다

다시 찾은
속초바다
휴휴암의 추억들로
초사흘날 두손모아 기도해 본다

함께한 시간들
함께한 사랑
온갖 시련과 아픔
많은 시행착오들
촛불을 켜두고 내 자신을 태운다

올 한해의 다짐과
허물벗듯 뭔가 벗겨져 나간
허한 마음으로 난 그 자리에 앉아
무릎 사이로 고개를 숙이곤

향을 피워서
옴몸의 지난 향기들을 지우고

향으로 향으로 새로이 피어나길
간절히 바래어 보던 그 곳

아버지의 두 손을 잡아드리며
함께하는 오늘의 나들이가
건강하신 시간까지 언제까지나였음 하던 맘

오랜만에 엄마 아버지와의
여정인듯 싶었다
딸들과의 단골횟집에 들러서
모듬회 한 접시에
참이슬을 드시던 내 어미아비께
참 많이 죄송하다는 생각으로
건강하시길
바래본다

베론성지

계곡이 깊어서 배 밑바닥 같다하여 배론이라 불리운단다
무겁고 힘든 세상 짐을 진 사람들을 맞이해 주시는 예수님상이 서 있는
세살박이 작은 꼬마가 아장일 때
다섯살짜리 큰 꼬마가 장난칠 때
그 곳이 궁금하여 들어 갔다가
아주 묘한 매력에 빠져
몇 번이고 갔었던 곳
꽃들이 즐비했고 나비들이 평화스레 마음을 진정 시켜 주었고 파아란 잔디 밭에 우리는 고운 시간을 맞이 해 보고 있었고 그 해 우연히 어느 주말에 토마스 아저씨 내외를 만났었고
1년에 7000여리 걸으며 초인적인 노력과 헌신을 아끼지 않았던 분
육체적인 과로로 지칠대로 지쳤던 그는 나이 마흔에
고단했던 삶을 베론에 쉬시는.. 최양업 신부님이 계시는 곳
이젠
기억조차 가물대는

그 시간들이
내겐 행복했던 시간이었는지도 모르겠다

오늘 나는
다른 모습으로 그 곳을 알게 되었고
갔었고 가게 되었고
내 종교와는 참으로 다른 곳 이지만

방콕에서도
시드니에서도
이태리에서도
파리에서도
로마에서도
스위스에서도
들러보았던 성당들
무슨 인연으로 나는 이 곳을 좋아하고 있었을까

페레올 주교는 김대건 신부에게 사제서품을 주고

친아들처럼 사랑해 주었어도 25세 젊은 나이에 생을 마감한
김대건 안드레아
푸르티에신부는 최양업 신부님이 문경에서 돌아 가셨을때도
제천 베론으로 시신을 모셔주고
이 아름다운곳에 사연들이 많아 이 사연이
알고 싶었고
함께 느끼고 싶었고
아파해보며 걸어보았던 꼬마들과의
그 시간들이 새삼 그리워지던 시간

십자가의 길
일전 전인가 누군가로 인하여 알게 되었던 길
그리고
그 곳에
최양업 신부님이 잠들어 계신 곳이 하늘을 바라보며
햇살을 가득 받던 최양업 신부님의 묘
나는 오늘 그 곳을 꼭 걷고 싶었다
가슴 안 진실로 심장박동대로
걸을 수 있어서 행복했다

쿠바여행

아침에 출근을 하면서 쿠바 음악을 듣는다 뒤척이던 밤 사이의 피로감을 날려주듯 가벼운 몸짓 이라도 될 만큼이나 기분 전환이 될 수 있었던 소리

그렇게 일찍 집을 나섰고 작은 꼬마는 배낭여행을 간단다

설렘으로 잠 못 자는 작은 딸아이의 동심에 나 역시도 잠을 이룰 수가 없었다

이제는
팔베개가 없으니
밤은 의미가 없다
쿠바 음악과 내 애마는 달린다
내 마음도 아랑곳 하지 않고

제4부

겨울 너머에 봄이

벚꽃길

흐드러지게 핀 꽃잎들이
무게에 겨운지 흩날린다

그렇구나
꽃비

어찌하여 비에서
비린내 아닌 향기가 날까

흠뻑 젖으며 걷는
꽃길에
융단처럼 봄햇살이
길게 누워 있다

봄 오는 소리

고운 햇살의 충동 때문일까
하얗게 드러난 웃옷을 걸쳐본다

옷매무새가 맘에 들어설까
따스한 향기의 커피가
마시고 싶어진다

제 시간에 도착한
오피스텔

옷차림에 셀레는 걸까
마음따라 가벼워진
아지랑이로 풀리는 긴장

봄때문일까
설레임 때문일까

봄날이면 해마다 겪는

가슴에서 피어올라
가물대는
아지랑이

봄손님

주말부터
나비가 된 것 같다

설레임이 가슴과 함께
머릿속을 부풀게 한다

풍선처럼 서서히
부피를 더해가는 가슴
가슴엔 자장하는
그리움

그리움에 날개가 있다면
그 어딘가에 가 닿을
풍선이고 싶다

6월

내 오만함을 닮은듯 자꾸만 짙어져만간다
슬픔이 차 오르듯 그렇게 진녹색으로
이글대는 태양을 머금는 유월 한 낮의 맵시는
오히려 그리움만 채워준다
얼음이 가득한 아이스커피를 들어도
가시지 않는 슬픔
이렇게 놓아 버리고 이렇게 감각없이
살아간다
6월의 하루를

7월

청포도가 익어간다는 칠월
옥수수잎에 빗방울 내린다고 읊은
어느 시인의 이야기 떠 오르는
그런 칠월
정신없이 또 세상과 부딪치며 살아온
유월을 유형시킨다
많이 아프고 힘들었던 유형의 계절에 내 스스로의 키도 컸으리라
일도 사랑도
어렵고 힘들었던 삶도 다 내려 놓고만 싶었던 마음
벌기 위해서 살고 살기 위해서 버는
이 시간
칠월에
유월을 보내며 새롭게 눈을 떴다
노후의 준비는 내 내면에 꽉찬 여유이리라

초록

한 여름 더위로 이마에
땀방울이 맺히는 계절
과일이 익어가고 풍성해 지고
땀방울도 익어가는

한속기처럼
내 몸에 가시가 돋아난다
웅크렸던 가슴에
피가 도나 보다
핏발이
가시로 서나 보다

가을 단상

가지만이 아닌
잎새만이 아닌
이마도, 가슴도, 마음도 가지로 펼쳐
물들이는
물들여 영글게 하는 손과
손끝에서 익은 가을은 축복이다

알맞은 성숙과
성숙으로 채운 결실과
결실만이 매달 수 있는
은총의 무게

그 무게로 어깨하고
한 그루 과목으로
가을 아래 서 본다

싸늘하게 번져오는 바람
머리카락이 뺨에 엉긴다

가을이
깊어 갈 수록 할퀴어지는 추억이
한 잎 낙엽으로
가슴을 할퀴고 간다

겨울이

겨울이 포위망을 좁혀온다
추위로 울타리 치고
빙하로 또 울타리 치고
겹울타리의 포로가 된다

겨울 속에서도
2월을 준비한다
고객을 만나야하고
최고로 가야하는 행보의
신발끈을 매야하고

미쳐야 할 수 있는 일
승부를 걸어놓고
즐기는 컨셉

그들에 에워싸인
포로였을 때 비로소
내가 산다

겨울 바다

파랗다 못해 꺼멓다
버큼을 토해내던 성난 파도도
입술이 얼어붙었는지
성엣발만 칼날로 서 있다

세운 성엣발의 비수에도
두려울 것이 없다
나는 원더우먼이니까

도강이 힘겨울수록
고해의 깊이가 더하지만
21일
급여의 고해도 무난히 건넜다

월요일엔 다시 시작
내 힐 끝에서
성엣날이 잘려나가야 한다

눈송이

하늘을 나는
천사들의 발자국일까
산에도 들에도
나뭇가지에도 찍힌다

누군가와
나란히 찍어보고 싶다

예약해둔 솔비치
오후엔 떠날 수 있을까
나란히 발자국 찍으면
가닿을 수 있을까

겨울 바다가
보고 싶다

태백 겨울

천지가 백설인
태백령
눈사람이 되는줄 알았다

머리며 어깨에 내려
쌓여가는 눈
살갗을 파고 드는
아픈 바람 앞에 하고
걷는 진흙길

영락없는 눈사람인데
뺨엔 사과가 익어가고 있다

겨울을 보내며

일찍부터 서둘러
봄맞이 대청소를 한다

화분들을 줄세우고
물을 흠뻑 적셔준다

겨울 흐린 햇살이
잠시 베란다에 기대어 쉬는 동안
청소의 순서를 정해본다

냉장고 정리
침대 먼지털기
밀춰둔 물건 치우기

오늘은 봄맞이 청소하는 날
봄맞이보다
겨울 몰아내기가 먼저인가 보다

제5부

시집평설

시적 대상, 재구성해 내는 변용 돋보여

박 진 환
(문학평론가 · 문학박사)

Ⅰ. 前提

시인의 경우 출발부터 자신의 시세계를 분명히 하면서 이를 시로써 실천하고자 하는 경우와 그렇지 않고 시를 쓰는 경우가 있다. 전자의 경우 대부분 자신이 걷고자 한 詩道를 분명하면서 시의 지평을 열어가고자 하고, 후자의 경우는 아직 자신의 시관이나 시세계를 발견하지 못함으로써 그 모색의 과정에 있을 때 그러하다.

그래서 전자의 경우 시세계, 시관, 시도를 비롯, 시법을 분명하면서 시를 출발시키게 되고 후자의 경우 아직 시세계나 시관, 시법등을 발견하지 못함으로써 이에 접근하고자 시로써 도전하는 부단한 모색을 거듭하기 마련이다.

시인이 자신의 시세계를 시로써 실천하고 실현하고자 한 것은 후자의 경우처럼 많은 시적 실험이나 시련을 겪은 후 이를 극복했을 때 가능해지고, 극복과 함께 스스로 체득한 것이 시법이 된다. 그리고 이러한 경지는 적어도 시인으로서의 원숙기를 의미하게도 된다.

이와는 달리 후자의 경우는 많은 갈등과 시행착오를 체험하게 된다. 스스로가 열어가야 할 시의 지평을 발견하지 못했거나 발견하기 위해 부단히 노력하며 접근하고자 한 경우에 해당되기 때문이다. 그 때문에 시법에 의존하기 보다는 시류나 타성에 의존하게 된다. 갓 출발한 시인의 경우가 이러하고, 자신의 변신을 통해 새로운 지평을 열어가고자 하는 경우가 이러하다.

일찍이 독일의 낭만파 시인이었던 아이헨도르프는 "시인은 세계의 눈"이라고 시인에게 부치는 글에서 피력한 바 있다. 시인을 세계의 눈이라고 한 것은 일종의 발견자란 뜻이다. 이때 발견으로서의 눈은 육안이 아닌 심안이나 혜안이 되고 이러한 정신적 개안으로 세계를 발견하는 것을 見者라고 한다.

자신의 시세계를 실현하기 위해 들어선 시도의 시인들은 다 이러한 발견자로서의 見者들이다. 이에 비해 아직 세계를 발견할 수 있는 눈을 갖지 못한 시인들은 세계를 발견하기 위해 갈고 닦으며 시로써 실천하고자 하는 부단히 길을 닦는, 견자에 이르기 위한 시적 구도자들이라고 할 수 있다.

이러한 전제는 서지영 시인이 상재한 시집 『묵자의 이야기』를 조명하기 위해 제시한 전제다. 왜냐하면 서지영 시인은 자신의 시세계를 발견하고 시로써 실현하고자 한다기 보다 발견을 위해 꾸준히 시도를 걷고 있는 일종의 예비견자적 입장에서 시를 출발시키고 있기 때문이다.

이 말을 바꿔보면 두가지 의미를 성립시킨다. 그 하나는 서지영 시인의 이번 시집 『묵자의 이야기』는 자신의 시세계를 발견하기 위해 쉬임없이 전진하고 있는 자신의 시적모습을 보여준 것으로 보아줄 수 있기 때문이다. 그리고 다른 하나는 아직 서지영 시인의 시력이 견자에 이르기에는 일천하다는 의미로 해석 될 수 있기 때문이다. 그렇다고 시집 『묵자의 이야기』가 형편없는 시라는 뜻은 결코 아니다. 오히려 일천한 시력의 소유자로서는 드러내기 힘든 시적 변용이나, 주어진 대상이 사물이었거나 정신적인 것이었거나 이를 시적 질서로 재구성해 내는 돋보이는 형상화를 보여주고 있어, 시적 설득력으로 작용하고 있다.

2. 『묵자의 이야기』 조명

4부에 나누어 70여편의 시를 수록하고 있는 시집 『묵자의 이야기』는 서지영 시인의 처녀시집으로서 등단한지 3년여 기간동안 쓴 시들을 묶은 것으로 여겨진다. 그 때문에 시관이나 시세계, 시법과는 무관한, 시쓰기의 집

념을 보여준 것으로 받아들일 수도 있다. 어느 시인에게서나 초기에 발견되는, 아직 시세계를 설정하지 못했을 때의 모색기간의 산물이 그러했듯이 서지영시인의 경우도 예외는 아닌것 같다.

그렇다고 해서 시가 볼품이 없다거나 수준에 다다르지 못했다거나 하는 말은 아니다. 오히려 일천한 시력에 비해서 보면 뛰어난 형상화를 보여주고 있어 시에 대한 신뢰를 획득할 것으로 여겨진다.

시집에 수록된 시들을 통해 읽을 수 있는 것은 첫째 특별히 설정한 시역의 제시는 없지만 가정, 직장, 일상의 주변의 것들을 형상으로 재구성해주고 있는 것이 이 시집의 첫 번째 시역으로 제시될 수 있을 것 같다.

그리고 두 번째로는 특별한 시법 제시 없이 그때그때 주어진 시적 대상이나 주제를 새롭게 보고자 하고, 새롭게 느끼고자 하며, 새롭게 생각하고자 하는 평범한 발상을 시적 질서로 재구성 해내는 형상화 작업을 그의 시법쯤으로 제시해도 좋을 것 같다.

시집의 메인 이미지로서의 일상적 삶의 형상화와, 형상화를 위해 평범한 것들을 특수한 것이 되게 하기 위해 짜깁기 하고, 조립하여 재구성해내는 고른 수준의 시법아닌 시법들을 중심으로 『묵자의 이야기』를 조명했을 때 서지영시인의 시에 대한 전모는 드러날 것으로 보아진다.

2-1 일상적 소재와 시적 구성

먼저 시부터 제시해 본다.

가) 접힌 하루에 찍힌 스냅
모르는 이들과 밥을 먹고
이야기를 나누고
한웅큼 소화제를 삼킨
내 얼굴이 찍혀 있다

명함을 내밀고
명함속의 나를 소화하고
소개를 받고

수고로운 하루가 끝나면
재촉하며 내딛는
귀가의 행보에
끈끈한 어둠이 밟힌다

나) 한 주를 마무리 하는 날
다시 한 주를 시작하는 날
시작이건 마무리건
잠시 업고를 부려놓을 수 있는
휴식의 유혹에 달뜬다

한 주를 뒤로하고 돌아서면
먼저 와 앞에 서있는
삶이란 일정표로 그려진 나날

여자이고 싶다
여인이고 싶다

가장이고 엄마이고 싶은 삶

금요일엔
그런 삶을 점검한다

다) 열다섯 큰아이
입맛 없다는 투정 달래려
상추에 쌈장에 삼겹살
저녁 식탁을 마련한다

즐거운 입과 함께
마음도 즐거운
저녁 밥상

하루치의 행복도
저녁 밥상으로 받았다

예시 가)는 「하루 ·1」, 나)는 「금요일」, 다)는 「저녁 밥상」의 각각 전문이다. 예외 없이 예시들은 특정한 대상이거나, 정신적이고도 내면적인 지향이 아닌, 단순, 소박하면서도 진솔한 일상의 주변에서 선택된 삶의 편린들이다.

예시 가)는 평범한 하루의 동시적 신술 이상이 아니다. 수고로운 하루를 접고 하루를 되돌아 봄으로써 자신의 모습을 발견하고 있는 一日三省라고나 할까. 어떻든 論語의 吾日三省吾身을 떠올리게나 한달까. 특별할 것도 새겨둘만한 것도 없는 자신과의 만남을 진술하고 있다. 그렇기는 하나 1연의 시행 '접힌 하루에 찍힌 스냅'을 통한 '내 얼굴이 찍혀 있다'는 진술은 발상과 함께 평범한 일상보다 돋보이는 형상화의 설득력을 지니고 있다.

2연에서의 '명함을 내 밀고 / 명함 속의 나를 소개하고 / 소개를 받고'가 환기시켜주는, 실은 평범하면서도 바쁘게 살아가면서 삶에 충실하고자 했던 자아의 발견은 평범한 시정인에게서는 보기 어려운 자신에의 충실과 함께 삶에의 충실을 보여준 것이 된다. 그러면서 종연 '귀가의 행보에 / 끈끈한 어둠이 밟힌다'에서 읽을 수 있는 수고로운 하루의 행보가 잘 나타나고 있어 평범한 일상속의 치열한 삶을 살아가는 화자의 모습을 떠 올리게 하는 설득력을 지니고 있다.

예시 나)는 한주의 힘겨웠던 직장인으로서의 업무를 접고 주말 연휴를 맞아 휴식을 취하고자 하는 또 다른 일상의 단면을 보여주고 있다. 토 · 일 주말 연휴제에 잘 길들여진 현대인의 생활방식은 옛과 달리 토요일이 아닌 금요일이 1주의 마무리이고 동시에 시작의 일정표를 짜는 그런 하루가 되어주고 있다. 시행 '한 주를 마무리 하는 날/ 다시 한주를 시작하는 날'은 이를 잘 말해주고 있다.

수고로운 직장의 업무에 시달리면서 한주를 마무리하는 금요일, 화자는 1주의 업무에서 벗어나 '여자'이고 싶고 '여인', '가장이고 엄마이고 싶은 삶'을 희망한다.

이는 여자 · 여인 · 가장 · 엄마를 잊고 한주를 살았다는 것을 의미한다. 그러면서 이틀간의 연휴를 앞에 하면서 '금요일엔/ 그런 삶을 점검한다'고 단순한 바람으로서의 자신의 역할에서 끝나지 않고 이를 점검하는 본분에의 충실을 보여주기도 한다. 매우 단단한 마음의 기둥 하나를 세우고 사는 삶을 보여준 셈이다.

예시 다)는 화자 자신의 발견이나 직장인으로서의 충실과 보다 바람직한 삶의 지향과 같은 개인적인 지향과 가정으로 환원함으로써 하루치의 행복에 만족할 줄 아는 안분지족의 소박한 삶을 보여주고 있다. 회사에서 귀가하여 가족과 함께 저녁식사를 하면서 즐기는 '하루치의 행복'을 '저녁밥상'으로 받는 가족적 삶은 소시만의 진정한 행복이 가정에 있음을 보여준 것으로서 가정을 잃고 살아가는 현대인들의 비극적 삶을 가정으로 되돌려 뒤돌아보게 하는 설득력으로 작용하고 있다.

예시마다 예외없이 소박·진솔한 소시민의 삶을 보여준 일상과 일상주변에서 만날 수 있는 평범한 것들을 발상으로하여 형상으로 재구성해 보여주고 있다고 할 수 있다.

문제는 시적 대상이 누구에게나 항용의 것이고 일반화된 그런 것일지라도 이를 시적 질서로 재구성해 낸 시법에 있게 되는 것이 시의 묘미다. 시란 그 대상이 어떤 것이었건 이를 형상으로 재구성, 본디의 것을 변용함으로써 새로운 사실, 새로운 모습, 새로운 발견에 값하게 했을 때 비로소 시적 설득력을 얻게 된다. 서지영시인이라고 예외

일수 있겠는가.

2-2 재구성과 변용 돋보여

전제에서 밝혔듯이 서지영시인의 시엔 달리 드러내놓고 밝힌 시법은 없다. 다만 시적 대상이 일상적 삶이건, 내면적이고도 정신적 지향이건, 혹은 주어진 사물이건 이를 시적 질서로 재구성, 변용으로 보여준다는 점에서 그의 시법쯤이 될 수 있을 것으로 본다. 먼저 시를 제시해 보자.

가) 피가 끓었다
무슨 풀무질로 일군
불길이었을까

끓는 핏물 부어
주조하면
어떤 문양과 빛깔이 될까

문양과 빛깔이 되어
사랑이란 이름으로
판박힐까

가슴은 용광로
끓는 피로 사랑을 주조하는
나는 대장장이다

나) 오수의 무게에 짓눌렸는지
눈꺼풀이 무겁다
한사코 달라붙는 잠을 털어내고
배란다에 화분을 내 놓는다

물을 주고
이파리를 닦아주고
볕을 쪼인다

방안 곳곳의 먼지를 털고
방안 가득 담겨 있는 이의
자욱들도 털어낸다

청소끝
햇살마다 주사침이 되어
햇볕을 수혈했는지
화분들이 유난히 반짝인다

다) 흐드러지게 핀 꽃잎들이
무게에 겨운지 흩날린다

그렇구나
꽃비

어찌하여 비에서
비린내 아닌 향기가 날까

흠뻑 젖으며 걷는
꽃길에

융단처럼 봄햇살이
길게 누워 있다

예시 가)는 「가능했던 건」,나)는 「대청소 하던 날」, 다)는 「벚꽃길」의 각각 전문이다. 특별한 것도 없는 일상이거나 내면적인 것들을 형상화 해주고 있는데 특별할 것도 없는 것들이 형상으로 재구성됨으로써 새로운 시적 질서를 이끌어내는 변용의 솜씨를 보여주고 있다.

예시 가)에서는 내면적이고도 정신적인 것을 형상으로 재구성해 주고 있는데 '피가 끓었다'를 '무슨 풀무질로 일군 / 불길이었을까'로 피를 끓게 한 가연성을 '무슨 풀무질'로 일군 불길이었기에 피를 끓게 했을까로 설의하고 있다. 그러면서 '끓는 핏물 부어/ 주조하면/ 어떤 문양과 빛깔이 될까'로 설의에 설의를 거듭함으로써 '끓는피'의 정체나 끓여야 하는 이유와 함께, 끓는 핏물을 부어 주조하면 '어떤 문양과 빛깔이 될까'로 다시 변용함으로써 핏물을 '문양'과 '빛깔'로 이동시키고 있다. 그리고는 '문양과 빛깔이 되어/ 사랑이란 이름으로 판박힐까'로 설의를 다시 걸어 '문양'과 '빛깔'을 '사랑'으로 이동시키고 있다.

내면적이고도 정신적 지향이나 단면을 재단해다 '문양', '빛깔', '사랑'으로 주조해내는 재구성을 통한 형상화는 변용에 값하고 있어 서지영 시인의 시법쯤으로 이해해도 좋을 것 같다.

예시 나)는 봄맞이 대청소쯤으로 보아지는 일상의 한 단면을 재단해다 이미지와 이미지를 짜맞춰 재구성해 주고 있는데 특히 종연 '청소끝/ 햇살마다 주사침이 되어 햇볕을 수혈했는지/ 화분들이 유난히 반짝인다'는 변용의 묘미를 더해주고 있다.

화분의 먼지 낀 잎들을 닦아준 청소덕분에 이파리들이 윤기를 발산하는 것을 마치 햇살이 주사 바늘이 되어 햇볕을 수혈했기 때문으로 둘러대고 있는데 이것이 다름아닌 시적 드러냄의 묘미이다. 변용의 묘미 또한 이러하다.

예시 다)는 상춘 나들에서 체험한 벚꽃길을 걸으면서 착상한 것으로 보여지는데 새롭게 보고, 느끼고, 생각하려는 발상의 이모저모를 보여주고 있다. 1연에서 벚꽃이 지는 낙화를 단순한 낙화로 보지 않고 '무게에 겨운지'라고 흐드러지게 핀 꽃의 무게를 가누지 못해 떨구어 낸 것으로 본 시력은 견자적이다. 그러면서 낙화를 '그렇구나/ 꽃비'로 보는 시각도 그러하다.

그러면서 '어찌하여 비에서/ 비린내 아닌/ 향기가 날까'로 설의하면서 시각에서 후각으로 이동시키고 있는데 이는 감각상호간의 호소력으로 작용돼 공감각을 체험하게 해준다. 그리고 끝연 '융단처럼 봄 햇살이/ 길게 누워있다'는 돋보이는 변용의 솜씨다.

예시들이 보여주는 변용의 솜씨나, 시적 대상의 여러 단면들을 제단해다 재구성해주는 형상화 작업은 서지영 시인의 시적 드러냄을 대표하는 것으로 보아줄 수 있을 것으로 본다.

3. 결어

이쯤에서 결론을 제시해도 될 것 같다.

시집 『묵자의 이야기』는 특별히 설정된 시세계도, 그렇다고 달리 시법을 동원한 것 같지 않다. 그러면서도 시의 대상들이 환기시켜 설정해주는 시역이 없지 않고, 대상의 단면들을 재단 해다 재구성 함으로써 변용에 값하는 서의 표현양식을 그의 시법으로 보아주어도 무방할 듯 싶다. 첫시집으로 거둔 성과가 이러하다면 시적 신뢰에 값하는 것이 될 것으로 본다.

•

서지영 시인은 강원도 영월군 수주면 출생으로 월간『조선문학』에 시가 당선되어 등단하였다. 조선문학 문인회 이사, 형상21 문학회 회원, 요선문학회 회원, 원주문인협회 회원, 도드미회원으로 활동하고 있으며, 시집으로『묵자의 이야기』가 있다. 현재 한화금융네트워크생명보험에 근무하고 있으며, MDRT회원이다.

•

조선문학시인선 297

묵자의 이야기

2011년 6월 10일 인쇄
2011년 6월 15일 발행

지은이 / 서지영
발행인 / 박진환
펴낸곳 / 조선문학사
등록번호 / 1-2733
주소 · 110-092 서울 서대문구 홍제2동 96-4
대표전화 / 730-2255
팩스 / 723-9373

ISBN 978-89-93614-63-3

정가 10,000원
* 인지는 저자와 합의 하에 생략
* 잘못된 책은 서점에서 교환해 드립니다.